Von Raunächten
UND MAGISCHEN HEXENRITUALEN

Mit mystischen Zitaten
durch den Jahreskreis

arsEdition

Geheimnisvolle Raunächte,

Magie, Spiritualität und Hexenwissen – dieses Aufstellbuch mit mystischen Rezepten, Ritualen, Sprüchen und Zitaten führt dich durch den Jahreskreis der Druiden und Hexen. Entdecke das magische Hexenjahr und seine Jahreskreisfeste als Kraftquelle und lass dich vom Hexenwissen inspirieren, denn jede Jahreszeit birgt ihren eigenen Zauber.

Verbinde dich mit deiner eigenen,
ganz persönlichen Magie.

Magie der Elemente

WELCHES IST DEIN VORHERRSCHENDES ELEMENT?

Erdhexe – Affinität für Wachstum, Säugetiere, Kristalle

Wasserhexe – Affinität für tiefe Gefühle, Wasserwesen, Balance

Feuerhexe – Affinität für Leidenschaft, Temperament, Transformation

Lufthexe – Affinität für Kommunikation, Flügeltiere, Inspiration

Der ureigenste Sinn der *Magie* ist es,
nicht erklärt werden zu können.
MARGOT FONTEYN

Alle Dunkelheit der Welt
kann das Licht einer einzigen
Kerze nicht auslöschen.
KONFUZIUS

Alles,
was du dir wünschst,
ist auf der anderen
Seite der Angst.

Es gibt zwei Arten, sein Leben zu leben:
Entweder so, als wäre nichts ein *Wunder*,
oder so, als wäre alles eins.
Ich glaube an Letzteres.

ALBERT EINSTEIN

Imbolc

FRÜHLINGSFEST

Gefeiert vom 31. Januar auf den 1. Februar

Imbolc, eines der acht wichtigsten Hexenfeste im Jahreskreis, feiert das zunehmende Licht nach dem langen, dunklen Winter. Du kannst jetzt dein Zuhause mit Licht reinigen und es für das neue Jahr schützen. Stelle einfach viele große Teelichter mit langer Brenndauer auf. Sie schenken dir angenehmes, sanftes Licht und sind ein starkes Symbol gegen die Dunkelheit. Deshalb sollten sie möglichst die ganze Nacht hindurch bis zum Morgengrauen brennen.

Die Welt
ist voller Magie.
Du musst nur
daran glauben.

Der *Zauber* des Augenblicks
liegt in der *Magie* des Alltäglichen.

Dankbarkeit
ist das Gefühl,
wenn sich das Herz
erinnert.

Lass dir nicht vorschreiben,
wie du deine Magie leben sollst.
Deine ureigenste Magie kennt
keine *Regeln*.

Ostara

FRÜHLINGS-TAGUNDNACHTGLEICHE

Gefeiert vom 20. auf den 21. März

An diesem Tag wird der Sieg des Lichts über die Dunkelheit gefeiert. Bevor du auf ein Frühlingsfest gehst, solltest du dein Zuhause einmal richtig durchputzen. Mach die Fenster weit auf und lass viel Licht, frische Luft und Energie in deine Wohnräume. Und dann schmücke nach dem Frühjahrsputz zur Feier des Tages alles mit frischen Blumen.

Richte deine Aufmerksamkeit
auf die *Liebe*, die dich umgibt.

Dankbarkeit

Führe ein Dankbarkeits-Tagebuch,
in dem du täglich etwas festhältst, worüber du
dich an diesem Tag gefreut hast oder das
dir positive Energie geschenkt hat.

Der Sinn des Lebens
besteht darin,
deine Gabe zu finden.
Das Ziel des Lebens ist,
sie zu verschenken.

PABLO PICASSO

Und plötzlich weißt du:
Es ist Zeit, etwas *Neues* zu beginnen
und dem Zauber des Anfangs
zu vertrauen.

MEISTER ECKHART

Selbstliebe-Zauber

Nimm ein hübsches Glas deiner Wahl und befülle es mit einem oder mehreren Rosenquarz-Steinen, roséfarbenem Salz, einer Zimtstange und getrockneten Rosenblättern. Fertig ist der Selbstliebe-Duftzauber!

Magie und Freude
ist da, wo du bist:
im Hier und Jetzt.

Das Glück besteht darin,
zu leben wie alle Welt
und doch wie kein anderer
zu sein.
SIMONE DE BEAUVOIR

Es gibt ein Bleiben im Gehen,
ein Gewinnen im Verlieren,
im Ende einen *Neuanfang*.

WEISHEIT AUS JAPAN

Beltane

VOLLMOND IM MAI

Gefeiert vom 30. April auf den 1. Mai

Das Feuerfest bringt Aufbruchsstimmung! Heute kannst du ganz einfach ein wenig Magie sammeln: Die Tautropfen, die ganz früh morgens auf den Blättern von Maiglöckchen und anderen Pflanzen glänzen, werden Elfentränen genannt und sollen Zauberkräfte haben. Fang sie einfach in einem kleinen, verschließbaren Gläschen auf und lass dich von ihrem Glanz verzaubern.

Da gibt es eine Stimme,
die keine Worte benutzt:
Höre ihr zu.
RUMI

Mit Magie
ist alles möglich.
SIEGFRIED FISCHBACHER

Deine Energie schützen

- Trage immer einen persönlichen Schutzkristall bei dir.
- Lass los, was dir keine Freude mehr macht.
- Distanziere dich von Menschen, die dir Energie rauben.
- Vertraue auf deine Intuition.

Eine gute Dosis *Fantasie*
ist das beste Mittel gegen zu viel Realität.

Magie ist keine Zauberei.
AGRIPPA

Das große Glück der *Liebe* besteht darin,
Ruhe in einem anderen Herzen zu finden.

JULIE DE LESPINASSE

Nichts ist so bezaubernd wie ein weiches Herz.

JANE AUSTEN

Litha

SOMMERSONNENWENDE

Gefeiert vom 20. auf den 21. Juni

Die Sonne hat ihren höchsten Punkt erreicht, der längste Tag des Jahres ist da. Ab heute werden die Nächte wieder länger. Wenn du heute am Sonnwendfeuer tanzt, dann denk daran, dir ein Stück Holz mitzunehmen, das am Rande des Feuers getrocknet ist. Ein Amulett daraus gilt als wertvoller Glücksbringer.

Das Geheimnis liegt in deinem Ich.
WEISHEIT AUS DEM ZEN-BUDDHISMUS

Der Zauber steckt immer im Detail.
THEODOR FONTANE

Das ist mein Weg.

Ich gehe ihn für meine seelische Gesundheit.
Ich habe keine Angst davor,
alleine zu gehen.

RAUNACHT-RITUAL

Frieden finden

In den Raunächten stehen die Tore zwischen den Welten weit offen. Deshalb ist es jetzt Zeit, sich mit Vergangenheit und Zukunft zu versöhnen und das Glück zu dir einzuladen.

- Zünde ein Teelicht oder eine Kerze an, spüre die Wärme der Flamme und erwärme dein Herz daran.
- Triff dich mit lieben Menschen und wünsche ihnen Glück.
- Hänge Glücksbringer auf, um das Glück einzuladen.
- Heiße die Veränderung mit offenen Armen willkommen.

Erinnere dich,
wer du bist,
und deine Zukunft
wird sich ändern.

Diejenigen,
die nicht an Magie glauben,
werden sie niemals finden.

ROALD DAHL

Morgenrituale

Morgenrituale klingen im ersten Moment nach frühem Aufstehen und viel Überwindung, aber auch kleine, kurze Rituale können sehr wirksam sein. Einige Minuten Yoga oder Meditation, ein Traumtagebuch oder Kartenlegen mit einem Tarot-Kartenset helfen dir, achtsam und mit positivem Mindset in den Tag zu starten.

Lughnasadh oder Lammas

ERNTEMOND

Gefeiert vom 31. Juli auf den 1. August

Das Ende des Hochsommers ist eine Zeit des Überflusses. Jetzt ist es Zeit, sich für die Gaben der Natur zu bedanken und sich gleichzeitig vom Sommer zu verabschieden. Wende dich bewusst der Natur zu, genieße lange Spaziergänge und freue dich an der bunten Fülle, die du überall sehen kannst.

Aus der Fülle des Herzens leben,
das ist das Geheimnis des Lebens.

RICARDA HUCH

Die Stille ist nicht leer.
Sie ist voller Antworten.

Du musst lernen, mit der tiefsten und
reinen Essenz deines Wesens in Kontakt zu treten.
Es ist voller Magie, Mysterium und Charme.

DEEPAK CHOPRA

Gestern ist Vergangenheit.
Morgen ist ein Geheimnis.
Heute ist ein Geschenk.

HEXENWISSEN

Kräuterzauber

Kamille: Wohlbefinden, Harmonie, Reinigung

Lavendel: Friede, Freundschaft, Liebe

Lorbeer: Erfolg, Weisheit, Kraft

Minze: Heiterkeit, Vitalität, Reiselust

Rosmarin: Schutz, Glück, Konzentration

Du lächelst,
und die Welt
verändert sich.

BUDDHA

Das Geheimnis des Könnens
liegt im *Wollen*.

GIUSEPPE MAZZINI

RAUNACHT-RITUAL

Rückschau und Reflexion

Die Raunächte sind eine Zeit des Abschlusses und des Neuanfangs. Sie eignen sich wunderbar, um über das vergangene Jahr nachzudenken und für das neue Jahr zu planen. Die folgenden Fragen können dir dabei helfen:

- Was war in diesem Jahr besonders schön?
- Wofür bin ich dankbar und was habe ich gelernt?
- Welche Dinge möchte ich noch abschließen?
- Was möchte ich behalten, was loslassen?

Die Wege der Weisheit
führen durch die Wüste.
WEISHEIT DER BEDUINEN

Das *Geheimnis* meines Lebens war,
dass ich für den Augenblick lebte.

JEAN-MARIE VIANNEY

Ohne *Fantasie*
keine Güte,
keine Weisheit.

MARIE VON EBNER-ESCHENBACH

HEXENWISSEN

Kerzenmagie

JEDE WACHSFARBE HAT BEI KERZEN EINE ANDERE BEDEUTUNG:

Blau – Schutz vor bösen Geistern, Heilung

Gold – Wohlstand, Erfolg

Grün – Geld, Glück, Genesung, Wachstum

Rot – Glück, Liebe, Gedeihen, Heilung

Silber – Fruchtbarkeit, Erfolg

Weiß – Neuanfänge, Kreativität

Wenn du ein kleines
Licht weitergibst,
strahlt immer ein wenig
Wärme zu dir zurück

Tu dem Universum einen Gefallen
und stehe zu deiner Magie.

Es gibt viele Wege.
Finde deinen eigenen!

Ich denke, wünschen hilft.
RAHEL VARNHAGEN VON ENSE

Wunschmagie

BEFÜLLE EIN HÜBSCHES GLAS DEINER WAHL MIT FOLGENDEN ZUTATEN:

1 Zettel, auf den du deinen Wunsch schreibst

1–3 Bilder, die deinen Wunsch visualisieren

1 Kristall deiner Wahl

1 Zimtstange

Rosenblätter

Minzblätter

Ich bin nicht interessiert
an einem Leben ohne Magie.

Sie sagten ihr, dass sie dem Sturm
nicht widerstehen könne.
Sie antwortete:
Ich bin der Sturm.

Und jetzt tu ich,
was das Beste für *mich* ist.

Mabon

HERBST-TAGUNDNACHTGLEICHE

Gefeiert vom 20. auf den 21. September

Mit diesem Fest findet der endgültige Abschied vom Sommer statt. Die dunkle Zeit des Jahres nimmt ihren Lauf und es ist Zeit, Bilanz über das Jahr zu ziehen. Noch ist genügend Zeit, um nachzuholen, was bisher noch nicht geklappt hat – damit du am Jahresende mit dir ganz und gar zufrieden sein kannst.

Die *Normalität*
ist eine gepflasterte Straße.
Man kann gut darauf gehen –
doch es wachsen keine
Blumen auf ihr.

VINCENT VAN GOGH

Dieser eine Tag,
der dein ganzes Leben
verändern kann, beginnt
jeden Morgen neu.

Die Belohnung
für Anpassung ist,
dass alle dich mögen –
außer dir selbst.

RITA MAE BROWN

HEXENWISSEN

Zauberhafte Träume

Fülle folgende Zutaten in einen kleinen Stoffbeutel und lege ihn unter dein Kopfkissen oder hänge ihn über dein Bett.

Schlaf gut!

Amethyst, Rosenquarz, Rauchquarz, Anis, Thymian, Jasmin, Lavendel

Um wirklich *glücklich* zu sein,
brauchst du einen Menschen, den du liebst,
eine Aufgabe und eine große Hoffnung.

RICARDA HUCH

Wo nichts sicher ist,
ist alles möglich.

Du kannst nicht negativ denken
und Positives erwarten.

Räuchern zur Reinigung

Traditionell wird während der Raunächte viel Räucherwerk verbrannt, um Energie zu klären, Räume zu reinigen oder Platz für Neues zu schaffen. Besonders geeignet sind dafür – neben klassischem Weihrauch – Salbei, Wacholder und Myrrhe. Sie sorgen für Klarheit und lassen dich zuversichtlich ins neue Jahr schauen. Wandere mit deiner Räucherschale durch dein Zuhause und stell dir vor, dass alles Negative aus dem alten Jahr sich im Rauch auflöst und in positive Energie umgewandelt wird.

Lasse dich leben,
wie du bist,

ohne Kunststücke mit dir zu probieren,
ohne dich zwingen zu wollen,
Dinge zu lieben, die du nicht liebst.

KAROLINE VON GÜNDERRODE

Vertraue dir selbst.
Und glaube an das, was sich
für dich richtig anfühlt.
Magic Spells
Vol.13

Plötzlich ist es wieder da,
dieses *Leuchten* in uns
und rund um uns herum.

Scheitern ist nicht
das Gegenteil von Erfolg.
Es ist ein Teil davon.

Kannst du dich daran erinnern,
wer du warst,
bevor die Welt dir gesagt hat,
wer du sein sollst?

Was *andere* über dich sagen,
sagt mehr über sie *selbst* aus
als über dich.

Kartenlegen

Kartenlegen ist ein wunderbares Mittel, um dir über drängende Fragen klar zu werden. Die Karten bieten dir die Möglichkeit einer Momentaufnahme deines Lebens. Nutze sie, um zu reflektieren und dich inspirieren zu lassen. Ein modernes Tarot- oder anderes Orakelkarten-Set mit positiven Affirmationen und Anregungen wird dir ein hilfreicher Begleiter sein.

Manchmal ist ein *Rückzug* nötig,
um Herz und Seele zu schützen.

Schenke dir selbst
die gleiche Aufmerksamkeit,
die du anderen gibst.

Das Leben muss nicht leicht sein,
wenn es nur inhaltsreich ist.
LISE MEITNER

Öffne deine Augen
für die Magie
in allen Dingen.

Samhain

NEUJAHRSFEST

Gefeiert vom 31. Oktober auf den 1. November

Samhain ist ein Fest, bei dem Geister eine wichtige Rolle spielen. In dieser Nacht sollen die Tore zwischen den Welten der Lebenden und der Toten besonders durchlässig sein. Ein schönes Ritual zum Gedenken an liebe, bereits verstorbene Menschen oder auch Haustiere sind Kerzenschiffchen. Dazu bastelst du aus halben Walnussschalen kleine Kerzen, zündest sie an und schickst dabei in Gedanken einen Gruß an deine Lieben in der Anderswelt.

Achte darauf,
dass das Leben, das du lebst,
auch dein *eigenes* ist.

In dem Augenblick, in dem man sich endgültig einer Aufgabe verschreibt, bewegt sich die Vorsehung. Alle möglichen Dinge, die sonst nie geschehen wären, geschehen, um einem zu helfen. Ein ganzer Strom von Ereignissen wird in Gang gesetzt durch die Entscheidung und sorgt für zahlreiche unvorhergesehene Zufälle, Begegnungen, Hilfen. Was immer du kannst, beginne es. Kühnheit trägt Macht, Genius, Magie.

Beginne jetzt.

JOHANN WOLFGANG VON GOETHE

Wer nicht in die *Welt* zu passen scheint,
der ist immer nahe dran, sich selbst zu finden.

HERMANN HESSE

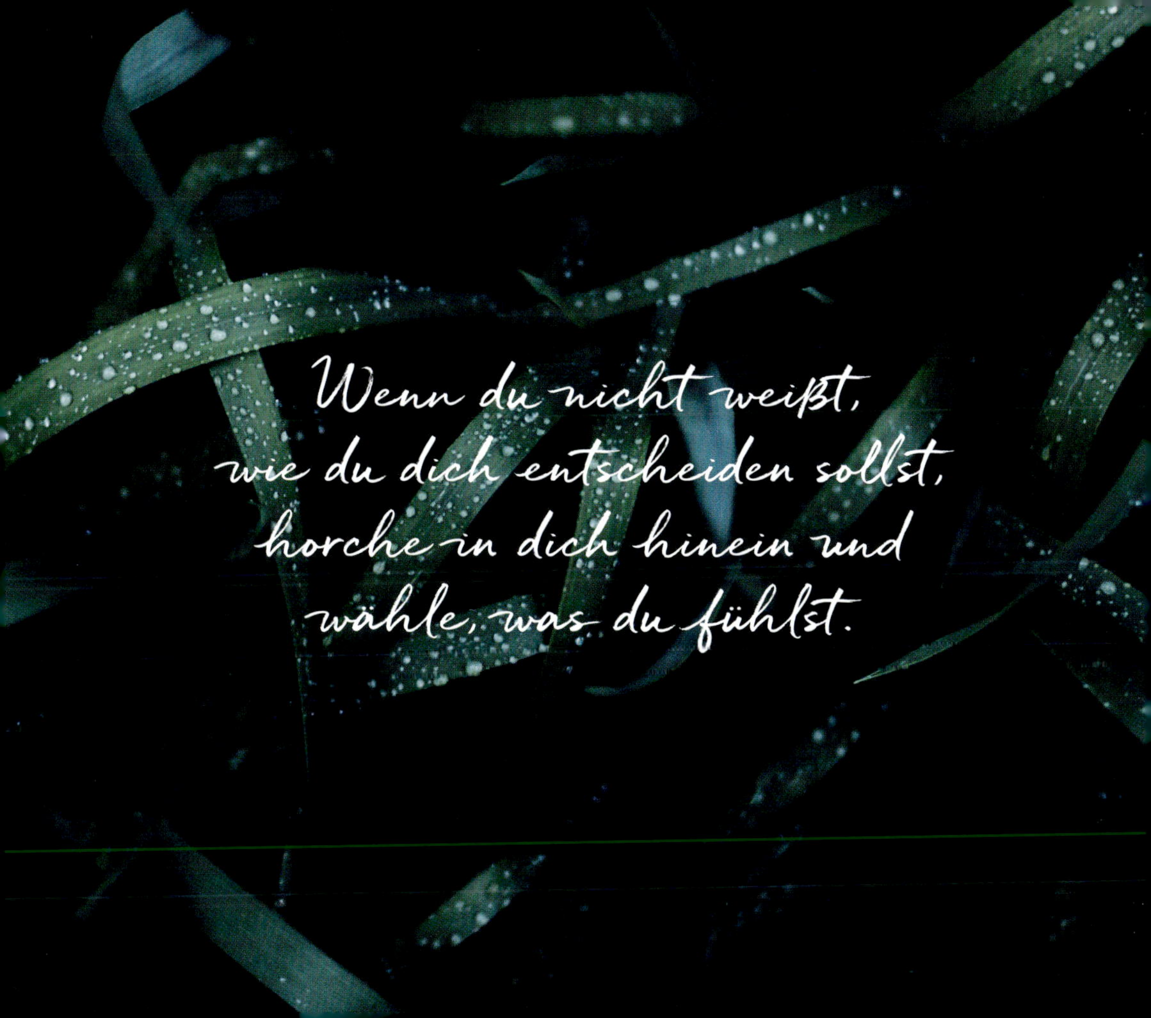
Wenn du nicht weißt,
wie du dich entscheiden sollst,
horche in dich hinein und
wähle, was du fühlst.

Der Mond ist Magie
für die Seele.

Die Magie des Mondes

Neumond – Zeit des Wachstums, viel Energie, Pläne umsetzen

Zunehmender Mond – Zeit für Neuanfänge, Altes loslassen, neue Pläne schmieden

Vollmond – Zeit der Heilung, viel Kreativität, Entscheidungen treffen

Abnehmender Mond – Loslassen & reflektieren, Pläne abschließen, Platz für Neues schaffen

Alles, was ich heute tue, ist wichtig,
gebe ich doch einen ganzen Tag
meines Lebens dafür.
GEORGE BERNARD SHAW

Ich erlaube mir zu träumen.

Yule

WINTERSONNENWENDE • Gefeiert vom 20. auf den 21. Dezember

Die Wintersonnenwende ist der kürzeste Tag des Jahres, ab jetzt werden die Tage wieder länger. Noch herrscht aber die winterliche Dunkelheit und unser Blick wendet sich nach innen. Positive Affirmationen helfen dir jetzt, Altes abzulegen und positiv auf die hellere Jahreszeit zuzugehen. Schreibe eine Affirmation auf einen Zettel, den du an einem gut sichtbaren Platz aufbewahrst und dir immer wieder laut vorliest. Die Affirmation sollte positiv formuliert sein, also keine Verneinungen enthalten.

»Ich verdiene es, glücklich zu sein.«

»Ich darf Nein sagen.«

»Ich werde meine Ziele erreichen.«

Der Schmerz von heute
ist die Stärke von morgen.

Wähle Leichtigkeit
und lass dich vom Urvertrauen tragen!

Schäme dich niemals dafür,
dass du seltsame kleine Dinge
liebst, die dein *Herz*
glücklich machen.

Jeder Tag hat sein *Licht*
und seine Schatten. Deshalb konzentriere
dich auf die kleinen Glücksmomente,
die dir geschenkt werden.

RAUNACHT-RITUAL

Die 13 Wünsche

Die Raunächte sind eine besonders magische Zeit – sie beginnen in der Nacht vom 24./25. Dezember und enden in der Nacht vom 05./06. Januar. Für das Wunschritual notiere 13 Wünsche auf 13 kleine Zettel und falte diese zusammen. Ziehe in jeder Raunacht einen der Zettel und verbrenne ihn (ohne ihn zu öffnen!). So übergibst du deinen Wunsch dem Universum. Für den einen Wunsch, der am Ende übrig bleibt, bist du im neuen Jahr selbst verantwortlich. Arbeite aktiv an dessen Erfüllung, während das Universum sich um deine anderen Wünsche kümmert.

Lass immer ein wenig Platz
in deinem Herzen für das
Unvorstellbare.

Du hast nur
über *drei Dinge*
in deinem Leben die Kontrolle:
deine Gedanken, deine Visionen
und deine Aktionen.

JACK CANFIELD

Magie ist eine große
verborgene Weisheit –
Verstand ist eine große
offene Torheit.
PARACELSUS

HEXENWISSEN

Die Kraft der Kristalle

Amethyst – innere Ruhe und Schutz

Bernstein – Lebensfreude

Jade – Harmonie und Gleichgewicht

Mondstein – Intuition

Obsidian – löst Ängste und Sorgen

Rosenquarz – Liebe und Romantik

Türkis – Tatkraft und Selbstbewusstsein

Alles beginnt
mit deinen
Träumen.

Ich war immer erfreut über die Aussicht
auf einen neuen Tag, einen neuen Versuch,
einen weiteren Start, mit ein bisschen *Magie*,
die irgendwo hinter dem Morgen wartete.

JOHN B. PRIESTLEY

Denke immer daran,
dass es nur eine wichtige
Zeit gibt:
Heute. Hier. Jetzt.
LEO TOLSTOI

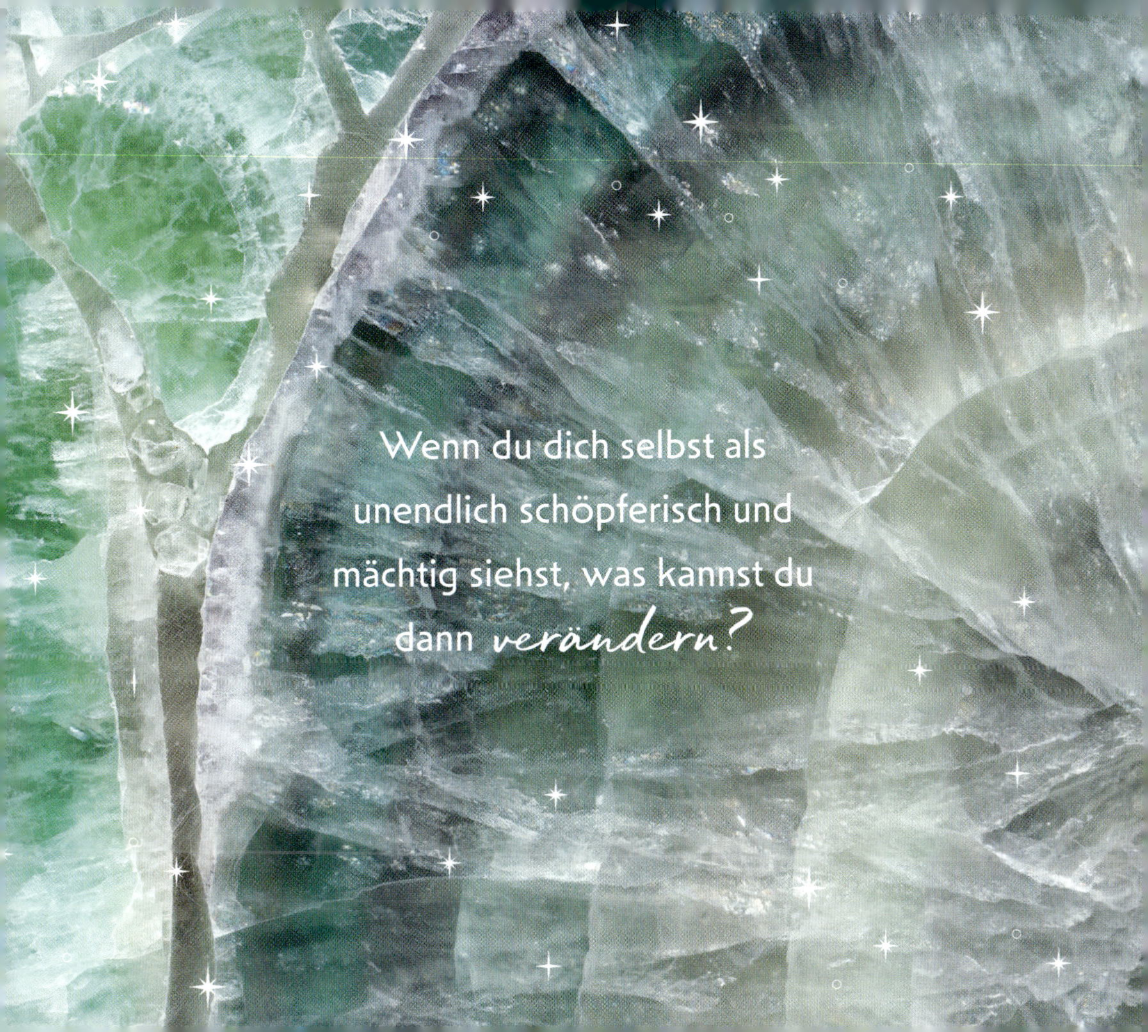

Wenn du dich selbst als
unendlich schöpferisch und
mächtig siehst, was kannst du
dann *verändern?*

Lass uns mal
an uns selbst glauben.

Wenn du es nur versuchst,
hast du schon gewonnen.

Willst du eines Tages aufwachen
und feststellen, dass du die Dinge, die
du gerne tun wolltest, nicht getan hast?
Worauf wartest du noch?
Fang lieber *jetzt* damit an.

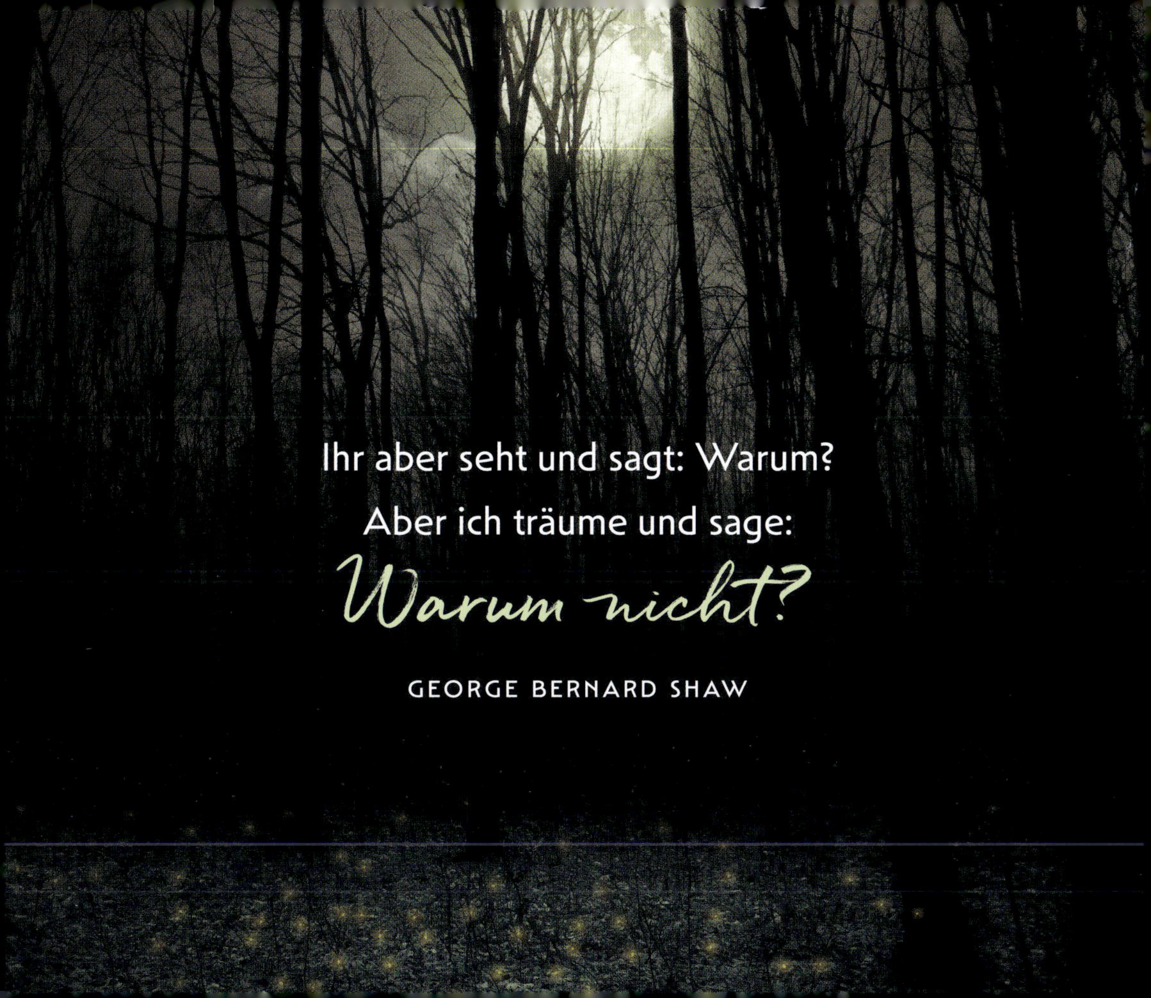

Ihr aber seht und sagt: Warum?
Aber ich träume und sage:
Warum nicht?

GEORGE BERNARD SHAW

In einigen Fällen war es nicht möglich, für den Abdruck der Texte die Rechteinhaber:innen zu ermitteln. Honoraransprüche der Autor:innen, Verlage und ihrer Rechtsnachfolger:innen bleiben gewahrt.

Die in diesem Produkt gewählten geschlechtlichen Formen beziehen sich immer zugleich auf weibliche, männliche und diverse Personen, denn natürlich sollen unsere Bücher allen Menschen Freude bringen. Wir haben bewusst zwischen der weiblichen, männlichen und einer offenen Schreibweise abgewechselt, um diese Herzensangelegenheit zu unterstreichen.

Illustration Cover, Vignetten: Petra Braun
Grafische Gestaltung Cover: grafisches Atelier, arsEdition GmbH
Grafische Gestaltung Innenteil: Veronika Preisler

Bildnachweise: Coverillustration: Petra Braun;
Innenteil: Bilder / Hintergründe / Vignetten: Getty Images: VeraPetruk, solarseven, MauMyHaT, rbv, Trifonov_Evgeniy, TatianaMironenko, Zaikina, undefined undefined, jessicahyde, holwichaikawee, Alisa Rodnova, Inna Giliarova, AndrisBarbans, Roksana Bashyrova, ablokhin, marimo, HenrikNorway, Peter Jantsch, Ewa Saks, assistantua, Panuwach, PamWalker68, BonneChance, KarenHBlack, Amore al Arte, Iwona Sikorska, ladavie, DaryaGribovskaya, Kirill Smyslov, Liudmila Chernetska, SandieHuber, iosebi meladze, anna42f, egal, my own photos, Lyubov Ovsyannikova, Dmytro Synelnychenko, kim willems, Toltemara, Cavan Images, Peter Schaefer, Wirestock, PamWalker68, Nastco, DrPAS, m-gucci, BirdHunter591, drasa, BlackQuetzal, Boyloso, nadtytok, robertsrob, KarenHBlack, olegbreslavtsev, kenkuza, wmaster890, Biletskiy_Evgeniy, Anastaciia Petrova, DuchesseArt, Zhan Joseph, Mimadeo

ISBN 978-3-8458-5438-0
www.arsedition.de